TUNGEN-
PACIFICO
CAFE
Murph

Die englische Originalausgabe erschien bei
David Bennett Books Ltd, St.Albans 1991
Titel der englischen Originalausgabe: Rolf
Deutsch von Gerhard Dahne
Printed in Hongkong
ISBN 3-357-00413-5

Rolf

Peter Cottrill

Altberliner Verlag

Eines schönen Sonnabends früh murkste Netty
wieder einmal in ihrer Küche herum.

»Rolf, mein Liebling«, rief sie heiter,
»komm frühstücken!«

Hungrig wie immer, stürmte Rolf herein.

Da fragte Netty: »Hättest du nicht Lust, mit mir einkaufen zu gehen?«
Rolf schoß einen Purzelbaum und wedelte mit dem Schwanz.
»Schon gut«, sagte Netty, »aber zuerst wird gefrühstückt.«

Während Rolf seine Mahlzeit hinunterschlang,
schlüpfte Netty in Mantel und Hut.

Dann rief sie ungeduldig: »Nun komm schon!«

-ZEITUNGE

Also machten sie sich auf den Weg.

Sie schritten munter aus, und Netty wunderte sich,
wie leer die Straße an diesem Vormittag war.

»Wie reizend wird diese Ecke einmal aussehen!« schwärmte Netty.
Rolf wedelte begeistert mit dem Schwanz.

Netty nahm eine Abkürzung durch den Park. Dabei meinte sie:
»Nichts liebe ich mehr als diese friedliche Ruhe hier.«

Bald erreichten sie den Supermarkt.
»Hoffentlich ist es nicht so voll«, sagte Netty.

Dann las sie ein Schild. »Rolfi, du darfst ja heute mit rein!«

Netty kramte ihren
Einkaufszettel vor
und las laut:
»Fisch, Zahnpasta,
Bananen, Butter,
Äpfel, Bohnerwachs,
Feigenmus ...
und natürlich dein
geliebtes Schnappi.«

Als Rolf »Schnappi« hörte,
vollführte er einen Freudensprung.

»Aber Rolfilein«, sagte Netty begütigend,
»nicht so wild. Mach schön Platz bis ich fertig bin.«

Rolf setzte sich brav.
Leider übersah er dabei ein paar Kartons mit Saftflaschen...

Nach einigen Augenblicken langweilte sich Rolf,
und er begann, sich ein bißchen umzusehen.

In aller Gemütlichkeit suchte er sein Frauchen.

»Ach, mein Liebling, da bist du ja«, sagte Netty.
»Ich habe alles bekommen. Jetzt gehen wir zur Kasse.«

Die entsetzten Leute
fielen über den Geschäftsführer her.
»Schaffen Sie diese Bestie fort!«

Ausgang
DOUGAL'S
ALL SORTS
DOUGAL'S
ALL SORTS

»Gnädige Frau«, stammelte der Geschäftsführer,
»gehört dieses Tier Ihnen?«

»Ist er nicht niedlich?« strahlte Netty
und verließ zufrieden das Geschäft.

Wie sie nun so ihre Nase in die Sonne steckte,
trat ein Polizist an Netty heran.
»Meine Dame«, sagte er, »hier in der Gegend
treibt sich eine Mörderbestie herum.
Suchen Sie sofort Schutz!«

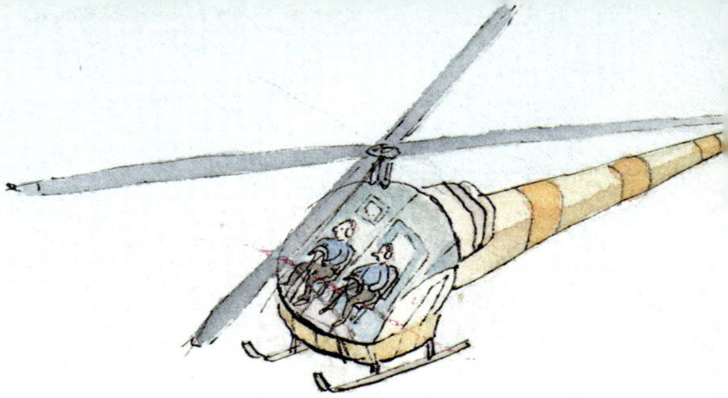

»Ich habe keine Angst, Herr Wachtmeister«,
antwortete Netty.
»Mich beschützt doch mein Rolf.«

ZEITUNGEN
PACIFIC
CAFE